Vergewaltigen auf Befehl

AF221360

• Sexuelle Gewalt in jeder Phase des Jahres 2017 „Räumungsoperation" Vergewaltigung während des Truppenaufbaus und „Anti-Terror" - Razzien Vergewaltigung während Angriffen auf Rohingya-Dörfer

• Vergewaltigung während der militärischen Sperrung der Stadt Maungdaw

• Vergewaltigung von Frauen, die über die Mayu-Berge fliehen

• Muster des systematischen Einsatzes von Vergewaltigung weit verbreitete Inzidenz von Vergewaltigung in Militärlagern

• Gruppenvergewaltigung

• Keine Angst vor Zeugen

• Eklatante Vergewaltigung junger Mädchen

• Häufige Folter, Verstümmelung und Tötung von Vergewaltigungsopfern

• Angriff auf Tula Toli: Massenvergewaltigung befehlen

• Schlussfolgerung und Empfehlungen

Der Erlöss dieses Buches ergeht voll und ganz an:

Shan Human Rights Foundation , Myanmar,

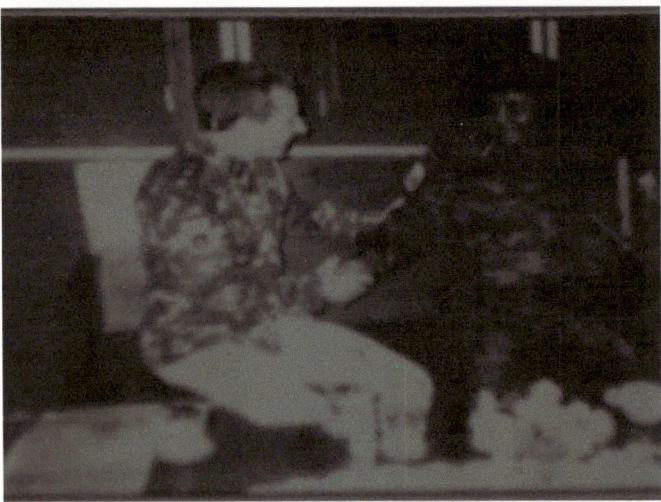

Heinz Duthel, Full Rank Colonel in Burma/Myanmar

Vergewaltigen auf Befehl

Sexuelle Gewalt als Waffe gegen die Rohingya

Rape by Command

Sexual violence as a weapon against the Rohingya

Widmung an

DIE ROHINGYA-MENSCHEN VON ARAKAN

Heinz Duthel,

Full Rank Colonel, Consul HC,

UN Spécial Envoyé, KNLU

Katholei, Burma

Impressum

Bibliografische Information der Deutschen
Nationalbibliothek:
Die Deutsche Nationalbibliothek verzeichnet
diese Publikation in der Deutschen
Nationalbibliografie; detaillierte bibliografische
Daten sind im Internet über http://dnb.dnb.de
abrufbar.

Herstellung und Verlag: BoD – Books on
Demand, Norderstedt

ISBN: 9783751933131

9 783751 933131

Aungbala Pagoda Army Camp

Ward 3

Ward 5 Army Camp
(where women were raped)

Ward 5

Ward 1

Alodaw Pyae Monastery
Army Camp

Ward 4

Myoma Khayandan

State Middle School Army Camp

State High School

Ward 2

Maung Ni

0   0.5   1
Kilometers

Map by Shan Human Rights Foundation

Source: Esri, DigitalGlobe, GeoEye, Earthstar
Geographics, CNES/Airbus DS, USDA, USGS,
AeroGRID, IGN, and the GIS User Community

nr. Fatia Pass

Taungpyoletwea

Tami

Tula Toli

Shilkali   Done Paik   Gu5

Nga Sa Kyu

BANGLADESH   MYANMAR

Dar Gyi Zar   Maung Na

nr. Brizi Pass
                              Sin Oo Pyin

Teknaf   Buthidaung

Zula Para

Maungdaw

Nyaung Chaung

Cheinkali
Ale Than Kyaw
Udaung

Bay of Bengal   Myin Lut

Location of sexual violence
Town
Township boundary
National boundary

0   10   20   Kilometers

Inn Din

Map by Shan Human Rights Foundation

Copyright 2014 Esri, Sources: Esri, DeLorme, NOAA

Inhalt

Zusammenfassung

Dieser Bericht dokumentiert die weit verbreitete systematische Anwendung sexueller Gewalt durch die myanmarische Armee während ihrer brutalen „Räumungsoperation" im nördlichen Bundesstaat Rakhine in der zweiten Hälfte des Jahres 2017. Diese Operation hat über 680.000 Dorfbewohner aus Rohingya nach Bangladesch getrieben.

Zeugnisse von 36 Flüchtlingen, von denen acht Überlebende von Vergewaltigungen sind, belegen, dass Regierungstruppen während der Operation weit über 300 Frauen und Mädchen in oder in der Nähe von mindestens siebzehn Dörfern in Maungdaw und den nördlichen Townships Buthidaung sowie in der Stadt Maungdaw vergewaltigt haben. Mit über 350 Dörfern, die zu diesem Zeitpunkt angegriffen und niedergebrannt wurden, ist diese Zahl wahrscheinlich nur ein Bruchteil der tatsächlichen Gesamtzahl der vergewaltigten Frauen.

In den Wochen vor dem offiziellen Start der Operation am 25. August wurden Tausende von Truppen der myanmarischen Armee aus bestehenden Militärlagern im Bundesstaat

Rakhine und aus Zentral-Myanmar eingesetzt, um die Posten der Grenzschutzpolizei im gesamten nördlichen Bundesstaat Rakhine zu verstärken. Diese Truppen waren in jeder Phase der Operation die Haupttäter sexueller Gewalt.

Vor Beginn der Operation verübten die Truppen Vergewaltigungen während Sicherheitspatrouillen und „Anti-Terror" - Razzien in abgelegenen ländlichen Gebieten, in denen sich viele Männer aus Angst vor Verhaftung und Folter versteckt hatten. In zwei Dörfern allein im Norden von Buthidaung,

Sechs Frauen und ein sechsjähriges Mädchen wurden in den Wochen vor dem 25. August von Regierungstruppen vergewaltigt.
Die meisten Vergewaltigungsvorfälle, an denen Hunderte beteiligt waren
Die Zahl der Frauen fand während der eigentlichen Angriffe ab dem 25. August statt, als eine große Anzahl von Truppen wahllos in Dörfer eindrang, Zivilisten folterte und tötete und Häuser niederbrannte. Frauen und Mädchen wurden gefasst und vergewaltigt in ihren Häusern, als sie wegliefen oder nachdem sie in großen Gruppen in oder in der Nähe der Dörfer zusammengetrieben worden waren; einige waren schrecklich verstümmelt. Im Dorf Tula Toli (Min Gyi) im Norden von Maungdaw

schätzen Überlebende, dass während des Angriffs weit über hundert Frauen und Mädchen vergewaltigt wurden. viele wurden auch getötet.

Die sexuelle Gewalt fand nicht nur in ländlichen Gebieten statt. Zeugen berichteten von der Gefangennahme und Vergewaltigung von Frauen in der Stadt Maungdaw nach dem 25. August, als sie von Hunderten von Truppen gesperrt wurden.

Frauen, die an die Grenze flohen, wurden ebenfalls vergewaltigt. Zahlreiche Frauen und Mädchen aus Buthidaung wurden vergewaltigt, als Sicherheitskräfte sie beim Versuch erwischten, das Mayu-Gebirge zu überqueren, um die Grenze zu Bangladesch zu erreichen.

An sexueller Gewalt waren Hunderte von Soldaten beteiligt, die sich über die gesamte Länge von Maungdaw und Nord-Buthidaung erstreckten. Ein solches Ausmaß und eine solche Breite der Inzidenz liefern starke Beweise dafür, dass Vergewaltigungen systematisch geplant und als Waffe gegen die Rohingya-Bevölkerung eingesetzt wurden.

An fünf Orten - einschließlich der Stadt Maungdaw selbst - wurden Frauen und Mädchen für einen Zeitraum von bis zu zwei Wochen in Militärlagern gewaltsam inhaftiert und vergewaltigt. Dies kann nur von Kommandanten der Lager genehmigt worden sein.

Vergewaltigung wurde offenkundig von Gruppen von Soldaten begangen, die gemeinsam Frauen und junge Mädchen schlugen, niederhielten oder fesselten und sich abwechselten, um sie zu vergewaltigen. Oft fand dies vor von anderen Truppen und manchmal vor Zivilisten, die ein klares Vertrauen in die Straflosigkeit zeigen, das nur aus dem gemeinsamen Wissen über die Erlaubnis zur Vergewaltigung stammen kann.

Die meisten Vergewaltigungsvorfälle betrafen andere Formen brutaler Folter, darunter Beißen, Schlagen, Schneiden mit Messern und Brennen. In elf Dörfern sowie in der Stadt Maungdaw sind Vergewaltigungsopfer bekanntermaßen ums Leben gekommen oder gestorben ihre Verletzungen. Dies deutet darauf hin, dass Vergewaltigung Teil einer Gesamtstrategie war, um Frauen und Mädchen grausame Strafen aufzuerlegen - anscheinend wegen ihrer Identität als Rohingya.

Das bereits 2016 erkennbare Muster der Verstümmelung der Brüste und Genitalien von Frauen nach Vergewaltigung deutet auf eine spezifische Richtlinie hin, die auf diese Weise Terror auslöst und die Fähigkeit der Armee zur Schau stellt, die Frauen ihres „Feindes" nicht nur sexuell zu besitzen, sondern sie auch selbst zu zerstören Fortpflanzungsmittel.

Die bekannt gewordenen Ereignisse in Tula Toli, bei denen über hundert Frauen vergewaltigt und gefoltert wurden und viele lebendig verbrannt wurden, liefern überzeugende Beweise für bestimmte Befehle zur Begehung von Massenvergewaltigungen. Ohne solche Befehle wäre es für geschätzte 400 Truppen aus verschiedenen Lagern, die von der Luftunterstützung unterstützt werden, unmöglich, das Massaker an Hunderten von Zivilisten am Morgen so genau zu koordinieren und dann Frauen über einen Zeitraum von Stunden hinweg methodisch zu vergewaltigen Nachmittag.

Der systematische Einsatz von Vergewaltigung als Waffe ist ein Kriegsverbrechen, ein Verbrechen gegen die Menschlichkeit und eine Völkermordtaktik, für die die Militärführer in Myanmar verantwortlich gemacht werden müssen.

Es ist unbedingt erforderlich, dass die Regierung von Myanmar aufhört, ihre Streitkräfte blind zu verteidigen. Die Regierung muss unverzüglich Maßnahmen ergreifen, um die systematischen Gräueltaten des Militärs, einschließlich sexueller Gewalt, zu beenden, nicht zuletzt wegen der Gefahr für die gesamte Gesellschaft. Indem Militärkommandanten ihre Truppen ermächtigen und anweisen, Vergewaltigungen zu begehen, ermutigen sie sie, sexuelle Befriedigung durch Gewaltakte zu finden, die Schmerz und Terror verursachen und das Leben von Frauen irreparabel schädigen. Mit Hunderttausenden von Truppen in ganz Myanmar hat dies schreckliche Auswirkungen auf die Sicherheit von Frauen und Mädchen im ganzen Land.

Die Regierung von Myanmar muss ein sofortiges Ende der Gräueltaten ihrer Armee gegen Zivilisten, einschließlich Vergewaltigung, anordnen und Prozesse einleiten, um die gesamte Kommandostruktur der Armee zur Rechenschaft zu ziehen. Ein erster Schritt dazu besteht darin, die UN-Mission zur Ermittlung von Fakten in das Land zuzulassen.

Einführung

Im Februar 2017 veröffentlichte Kaladan Press den Bericht Witness to Horror, in dem Vergewaltigungen und andere Gräueltaten der myanmarischen Armee gegen Frauen während ihrer Räumungsoperation im nördlichen Bundesstaat Rakhine von Oktober bis November 2016 dokumentiert wurden.

Nach dem Start der neuen Räumungsoperation im August

Am 25. April 2017 begann Kaladan Press mit der Befragung von Neuankömmlingen in Bangladesch, die Beweise dafür lieferten, dass Truppen der myanmarischen Armee ähnliche Muster sexueller Gewalt wie im Vorjahr begangen hatten - nur in viel größerem Umfang.

Es wurde daher beschlossen, mit der Rohingya-Anwältin Razia Sultana, der Chefforscherin des vorherigen Berichts, zusammenzuarbeiten, um die sexuelle Gewalt im Jahr 2017 erneut zu dokumentieren und relevante Parallelen zum früheren Bericht zu ziehen.

Von September bis Dezember 2017 führte Kaladan Press Interviews mit neuen

Flüchtlingen, die während der jüngsten Räumungsoperation Überlebende und Zeugen sexueller Gewalt durch Sicherheitskräfte in Myanmar waren. Alle Interviews mit Frauen wurden von Razia Sultana geführt.

Methodik

Insgesamt 36 Rohingya-Flüchtlinge - 12 Männer und 24 Frauen und Mädchen, darunter acht Überlebende von Vergewaltigungen - wurden für diesen Bericht befragt. Alle waren nach August in Bangladesch angekommen
Sie kamen aus sechzehn verschiedenen Dörfern (zwölf in der Gemeinde Maungdaw und vier in der Gemeinde Buthidaung) und aus der Stadt Maungdaw.

Eine vollständige Liste der Befragten und Zusammenfassungen ihrer Zeugnisse finden Sie in Anhang 1. Alter, Geschlecht und Herkunft der Befragten sind im Bericht aufgeführt, jedoch keine Namen, um ihre Sicherheit zu gewährleisten.

Bei der Beschreibung militärischer Täter sexueller Gewalt wurden Flüchtlinge nach ihrer Kleidung gefragt, um festzustellen, ob sie Mitglieder der myanmarischen Armee waren (die grün tragen) Uniformen) oder Border Guard Police (die blaue Tarnuniformen verwenden). Sie wurden auch nach Erkennungszeichen auf den Uniformen gefragt.

In dem Bericht beziehen sich die Begriffe "Militär" und "Soldaten / Truppen" auf die myanmarische Armee. Grenzschutzpolizei-Truppen werden als "BGP" bezeichnet.

Der birmanische Name der Rohingya-Dörfer wird bei der ersten Erwähnung der Dörfer in Klammern angegeben. Danach wird der Name Rohingya verwendet.

HINTERGRUND

Die anhaltende militärische Straflosigkeit schafft die Voraussetzungen für Massengräueltaten im Jahr 2017

Nach mutmaßlichen Angriffen von Rohingya-Kämpfern auf drei Grenzpolizeiposten im nördlichen Bundesstaat Rakhine am 9. Oktober 2016 startete die myanmarische Armee eine groß angelegte „Räumungsoperation" gegen Rohingya-Zivilisten im Norden von Maungdaw. Dörfer wurden niedergebrannt, Männer, Frauen und Kinder wurden geschlachtet, und es gab weit verbreitete Vergewaltigungen, die zu Überfällen führten 70.000 Flüchtlinge fliehen nach Bangladesch.

Das Büro des Hohen Kommissars der Vereinten Nationen für Menschenrechte veröffentlichte im

Februar 2017 einen Flash-Bericht, in dem „verheerende Grausamkeit gegen Rohingya-Kinder, Frauen und Männer" 1 während der Räumungsoperation beschrieben wurde, und beschuldigte die Sicherheitskräfte in Myanmar, Massenvergewaltigungen begangen zu haben.

Unser eigener Bericht **Witness to Horror**, der auf Aussagen von einundzwanzig Rohingya-Frauen basiert, die nach der Räumungsoperation nach Bangladesch geflohen waren, lieferte zumindest Beweise dafür 70 Frauen und Mädchen aus acht Dörfern in Maungdaw waren von Sicherheitskräften in Myanmar vergewaltigt worden.

Wir haben dokumentiert, wie die meisten sexuellen Gewalttaten stattfanden, als Frauen versammelt wurden mit vorgehaltener Waffe in großen Gruppen außerhalb ihrer Dörfer. Sie wurden weggezogen, um in nahe gelegenen Häusern, Feldern oder Wäldern und in Militärlagern vergewaltigt zu werden.

Mindestens sechs Vergewaltigungsopfer wurden getötet, mehrere schrecklich verstümmelt (eines mit abgeschnittenen Brüsten und einer Waffe in ihrer Vagina).

Viele Frauen wurden bei Sicherheitsüberfällen auch sexuell befummelt, einige mussten sich ausziehen Unterwäsche oder ganz nackt.

Trotz der eindeutigen Hinweise auf systematische Gräueltaten, einschließlich sexueller Gewalt, durch Sicherheitskräfte in Myanmar bestritten die Regierung und das Militär in Myanmar beharrlich alle Vorwürfe des Missbrauchs. Sie blockierten jegliche unabhängige Untersuchung dieser Vorwürfe und erklärten, dass Visa abgelehnt würden an die Informationsmission des UN-Menschenrechtsrates, die im März 2017 beauftragt wurde, Vorwürfe von Verstößen der myanmarischen Armee und der Sicherheitskräfte, insbesondere im Bundesstaat Rakhine, zu untersuchen.

Die am 1. Dezember 2016 eingesetzte Rakhine-Untersuchungskommission der Regierung unter der Leitung von Vizepräsident Myint Swe (einem ehemaligen Armeegeneral) gab an, während der Operation 2016 keine Hinweise auf Missbräuche, einschließlich Vergewaltigung, gefunden zu haben. Der Abschlussbericht der Kommission vom 6. August 2017 entlasteten die Militärtäter die Gräueltaten des Vorjahres vollständig.2

Die Armee erhielt effektiv grünes Licht, um mit der Massenschlachtung und Vergewaltigung der Rohingya fortzufahren. Drei Wochen später, am 25. August, haben sie genau das getan.

INTERVIEW-ERGEBNISSE

"Anti-Terror" -Beschränkungen schüren die Unsicherheit von Frauen

In den Wochen vor dem 25. August 2017 kam es im nördlichen Bundesstaat Rakhine zu einem großen militärischen Aufschwung. Tausende von Truppen der myanmarischen Armee wurden aus bestehenden Militärlagern im Bundesstaat Rakhine sowie aus Zentral-Myanmar eingesetzt, um die Polizeiposten der Grenzschutzbeamten in jedem Dorftrakt zu verstärken.

Diese Posten wurden bereits von bis zu hundert bewaffneten Mitarbeitern bewacht. An der Küste von Rathedaung wurden auch Marineschiffe gebracht, deren Truppen am Ufer patrouillierten.

Das Militär führte in den Dörfern von Rohingya vermehrt Patrouillen und Stichproben durch, was die Befürchtungen der Frauen verstärkte, die sexuelle Gewalt, die im Oktober und November des Vorjahres stattgefunden hatte, wiederholen zu können.

Seit dieser Zeit hatten die Behörden auf Dorfebene strenge Sicherheitsbeschränkungen verhängt, die eine „terroristische" Bedrohung darstellten. Scharfe Haushaltsgegenstände, einschließlich Küchenmesser, wurden beschlagnahmt, um zu verhindern, dass sie als Waffen verwendet wurden. Zäune um Hausgebäude wurden abgebaut, damit das Sicherheitspersonal die Anwohner leicht überwachen und Razzien schneller durchführen konnte.

Diese Einschränkungen hatten enorme Auswirkungen auf das tägliche Leben von Frauen. Das einfache Zubereiten von Speisen wurde ohne Küchenmesser äußerst schwierig. Einige benutzten Bambussplitter, um Lebensmittel zu schneiden. Eine andere sagte, sie habe eine winzige Rasierklinge benutzt.

Das Entfernen von Zäunen war besonders verheerend für Frauen, die früher die Privatsphäre ihres Geländes genossen hatten, um Aufgaben im Freien zu erledigen, ohne traditionelle Gesichtsbedeckungen tragen zu müssen. Nachdem die Zäune entfernt worden waren, schrumpfte der private Raum der Frauen auf die Grenzen ihrer Häuser und ließ sie fast vollständig im Haus bleiben. Wenn sie wollten

Draußen waschen (in der Nähe eines Außenbrunnens oder einer anderen Wasserquelle), mussten sie andere Haushaltsmitglieder bitten, Decken hochzuhalten oder Stoffstücke um sie herum, während sie dies taten, so schnell wie möglich.

Noch erniedrigender war, dass Zäune außerhalb der Latrinen abgebaut wurden, so dass Besuche in der Latrine mit anderen durchgeführt werden mussten, die Decken um sie herum hielten.

Zäune um Haushaltsgebäude wie die links wurden von Sicherheitskräften in Myanmar abgerissen (siehe unten).

Frauen fühlten sich in ihren Häusern nicht einmal sicher. Einige hielten ihre Haustüren offen, da geschlossene Türen den Verdacht auf patrouillierende Truppen aufkommen ließen und zusammenbrachen. Dies verstärkte ihre ständige Angst vor sexuellen Übergriffen durch Sicherheitskräfte. Eine sagte, dass sie sich in den Wochen vor dem 25. August zwingen würde, die ganze Nacht wach zu bleiben, um auf plötzliche Angriffe aufmerksam zu sein.

Mehrere befragte Frauen gaben an, absichtlich versucht zu haben, sich so unattraktiv wie möglich zu machen, um Vergewaltigungen zu vermeiden. Eine junge Frau aus Tula Toli (Min Gyi), Maungdaw, sagte, sie würde sich jeden Morgen Asche ins Gesicht reiben. Eine junge Mutter aus Sin Oo Pyin, Buthidaung, sagte, sie habe alte Kleidung getragen, ihre Haare durcheinander gebracht und Ruß oder Schmutz auf ihre Arme und ihr Gesicht gerieben.

Eine Frau in den Fünfzigern aus Hazarbil (Ahtet Pyu Ma), Maungdaw, sagte, ihre Familie habe ein geheimes Versteck unter dem Boden, um junge Frauen und Mädchen zu verstecken, als sie hörten, dass Soldaten kamen.

Sexuelle Gewalt in jeder Phase der „Räumungsoperation" 2017

1. Vergewaltigung während des Aufbaus von Truppen und „Anti-Terror" -Razzien vor dem 25. August
Während erhöhter Sicherheitspatrouillen in Rohingya-Dörfern in den Wochen vor dem 25. August verhafteten und folterten Truppen nach dem Zufallsprinzip männliche Dorfbewohner und beschuldigten sie, „Terroristen" zu sein. Männer flohen bei jedem Anzeichen einer Annäherung an Truppen und schliefen oft außerhalb ihrer Dörfer. Truppen nutzten dies, um Frauen zu vergewaltigen, die in ihren Häusern zurückgelassen wurden.

Interviews für diesen Bericht ergaben, dass es in nur zwei Dörfern im Berggebiet von Nord-Buthidaung - Gufi (Goke Pi) und Tami (Tin May) - sechs Vergewaltigungsvorfälle gab.

Männer in diesem Gebiet wurden bereits durch groß angelegte Verhaftungen und Folterungen terrorisiert. Ungefähr zwei Monate vor dem 25. August hatten über 100 Truppen etwa 150 männliche Dorfbewohner aus Gufi vor der örtlichen Schule zusammengetrieben und die Übergabe von Smartphones und Computern gefordert. Die Truppen zwangen sie, sich zu setzen ihre Hände hinter ihren Köpfen schlugen und traten sie und schnitten ihnen die Bärte ab. Sieben wurden die Augen verbunden, gefesselt und weggebracht.

Einen Monat später, nachdem Hunderte weiterer Truppenverstärkungen in der Gegend eingetroffen waren, wurden mehr männliche Dorfbewohner aus Gufi, darunter ein 12-jähriger Junge, festgenommen und im nahe gelegenen Militärlager festgehalten. Truppen folterten die Männer, indem sie sie kopfüber aufhängten und schlugen, heißes Wasser in ihre Kehlen gossen, heiße Eisenstangen in ihre Achselhöhlen steckten und Elektroschocks verwendeten. Eine Frau sagte, ihre Cousine sei getötet worden, indem sie hinter ein Motorrad gezogen worden sei, „bis die Straße voll war Blut." Ein anderer Mann, Mawlana Badullah, wurde getötet, indem ihm Stoff in den Mund gedrückt wurde, bis er erstickte. Der abgetrennte Kopf eines anderen inhaftierten Dorfbewohners, Abul Hakim, wurde zurückgebracht zu seiner Familie.

Viele Männer hatten Angst vor diesen Angriffen und versteckten sich, sodass Frauen und Mädchen anfälliger für Vergewaltigungen waren. Ungefähr einen Monat vor dem 25. August wurde ein sechsjähriges Mädchen, das die Ziege ihrer Familie auf ein nahe gelegenes Feld gebracht hatte, von einer Gruppe Regierungssoldaten hinter einigen Bäumen gezogen.

Die Dorfbewohner fanden sie später, sie war schwer verletzt und blutete stark. Sie starb nach ein paar Tagen.

Eine 28-jährige Frau wurde einige Tage vor dem 25. August in ihrem Haus in Gufi von drei Regierungssoldaten vergewaltigt. Ihre anderen Familienmitglieder versteckten sich in den nahe gelegenen Bergen, aber sie war zurückgeblieben, um sich um ihren kleinen Sohn zu kümmern. Die Truppen brachen die Tür auf und fragten, wo ihr Mann sei, warfen dann ihren Sohn zu Boden und vergewaltigten sie.

Im nahe gelegenen Dorf Tami, eine Woche vor dem 25. August, a
Die 23-jährige Mutter erzählte, wie sie von vier oder fünf Regierungssoldaten in ihrem Haus vor ihren drei Kindern vergewaltigt wurde. Sie schlugen sie, traten sie und bissen sie auf Wange und Hals. Als ihr Dorf eine Woche später angegriffen wurde,

Ihr Mann wurde von einer Mörsergranate getötet und ihr 8 Monate altes Baby lebendig in ihrem Haus verbrannt.

Ein anderer Flüchtling aus Tami beschrieb, wie drei Frauen einige Tage vor dem 25. August in ihrem Teil des Dorfes vergewaltigt wurden. Das Militär war gegen 8 Uhr morgens gekommen, hatte jedes Haus durchsucht und drei junge verheiratete Frauen in ihren Häusern vergewaltigt.

Die meisten Männer waren bereits weggelaufen, um sich außerhalb des Dorfes zu verstecken, aber ein Mann war zu Hause, als seine 18-jährige Frau wurde vergewaltigt. Sie schlugen ihn, bis Blut aus seinem Mund kam, und dann banden fünf Soldaten seine Frau mit einem Seil an die Hauspfosten, ihre Beine auseinander, und jeder vergewaltigte sie. Sie war so schwer verletzt

Ihr Mann musste einige Leute einstellen, um sie über die Hügel nach Bangladesch zu bringen, wo sie medizinisch behandelt wurde.

Angebliche "Terroranschläge" der Arakan Rohingya Salvation, Die Armee (ARSA) startete am frühen Morgen des 25. August auf über 30 Sicherheitsposten im nördlichen Bundesstaat

Rakhine. Ab dem 25. August starteten Tausende von Streitkräften der myanmarischen Armee und der BGP koordinierte Angriffe auf Rohingya-Dörfer in der gesamten Region.

Eine große Anzahl von Truppen drang wahllos in Dörfer ein, folterte und tötete Zivilisten und brannte Häuser nieder. Die Dorfbewohner flohen vor Schrecken und gingen aus Angst vor weiteren Folterungen und Morden durch das Militär wie im Vorjahr direkt an die Grenze zu Bangladesch. Innerhalb von nur zwei Wochen waren 270.000 nach Bangladesch gekommen.

4, Zu dieser Zeit wurde weit verbreitete sexuelle Gewalt begangen. Frauen und Mädchen wurden in Häusern gefasst und vergewaltigt, als sie aus ihren Dörfern flüchteten oder in großen Gruppen in oder in der Nähe der Dörfer zusammengetrieben wurden.

Die sexuelle Gewalt begann am ersten Tag der Angriffe. Ein Flüchtling aus Done Baik, einem Dorf im Norden von Maungdaw, beschrieb, wie etwa 10 Regierungstruppen um 10 Uhr morgens in sein Dorf eindrangen. Sie erschossen Dorfbewohner, zündeten Häuser an und sammelten etwa 20 Frauen, vergewaltigten sie in getrennten Häusern und verbrannten sie lebendig in einem der Häuser im Dorf. Er sagte, dass vier seiner nahen Verwandten im Alter von 18 Jahren 20, 22 und 25 waren unter den Frauen, die lebendig vergewaltigt und verbrannt wurden, und dass seine 53-jährige Schwester, die sich in der Stadt versteckt hatte Haus in Brand gesetzt, wurde auch mit den anderen Frauen verbrannt. Aus dem Versteck konnte er das schreckliche Schreien hören, als die Frauen verbrannten.

Fünf Meilen südlich, am selben Tag, griffen Truppen das Dorf Naisapuru (Ngar Sar Kyeu) an und töteten und vergewaltigten Dorfbewohner. Ein 15-jähriges Mädchen, das floh und sich auf den bewaldeten Hängen hinter ihrem Haus versteckte, sah mit Entsetzen zu, wie sieben junge Frauen am Rande des Dorfes von Regierungstruppen vergewaltigt wurden. Während der sechs Tage, in denen sie sich versteckte, sah sie, wie mindestens 20 Frauen - einschließlich ihrer Schulfreunde - vergewaltigt und getötet wurden, einige schrecklich verstümmelt.

Am 27. August beschrieb ein Dorfbewohner aus Shilkali (Kyauk Chaung) im Norden von Maungdaw, wie etwa 200 Soldaten aus dem Süden ankamen, alle männlichen

Dorfbewohner, die sie finden konnten, zusammenrundeten und sie verdeckt auf einem Feld liegen ließen mit Stiefeln auf sie stampfen und sie schlagen.

Ungefähr 100 der Soldaten gingen dann zurück ins Dorf und zwangen mehrere hundert Frauen, einschließlich seiner Frau, aus ihren Häusern in die Shilkali-Mittelschule (seit 2016 geschlossen). Zahlreiche jüngere Frauen - darunter Mädchen im Alter von 10 Jahren – waren ausgewählt und über Nacht in der Schule gehalten.

Er wusste nicht, wie viele vergewaltigt wurden, hörte aber nachts ihre Schreie, und als die Frauen am nächsten Tag um 14 Uhr freigelassen wurden, sah er drei junge Mädchen aus dem Gebäude getragen, die zu schwer verletzt waren, um zu gehen.

Während eines Angriffs auf Maung Nu, Buthidaung, wurde am selben Tag ein 18-jähriges Mädchen von einer Gruppe Soldaten gefangen genommen und mit etwa 20 anderen Frauen und Mädchen in ein leeres Haus gebracht wo sie nackt ausgezogen und vergewaltigt wurden.

Während des Angriffs von etwa 400 Regierungstruppen auf Tula Toli im Norden von Maungdaw am 30. August wurden schätzungsweise weit über 100 Frauen und Mädchen vergewaltigt, von denen viele getötet wurden (siehe ausführlichen Bericht im späteren Abschnitt) und gezwungen sich auszuziehen

Ähnlich wie bei den Räumungsoperationen 2016 tasteten myanmarische Truppen Frauen sexuell ab und zwangen sie, sich nackt auszuziehen, als sie Wertsachen durchsuchten und beraubten.

Ein 15-jähriges Mädchen aus Hadirbil (Nyaung Chaung) in der Nähe der Stadt Maungdaw sagte, als ihr Dorf nach dem 25. August angegriffen wurde, wurden Männer und Frauen getrennt, die Frauen durchsucht und ihr gesamtes Geld und ihr Schmuck entnommen Sie.

Zu dieser Zeit sagte sie, die Soldaten hätten ihre Brüste und Genitalien gepackt und gequetscht.

Am 27. August sah ein in einem Haus versteckter Religionslehrer in Maung Nu, Buthidaung, etwa 50 Truppen, die etwa 20 Frauen auf der Suche die Kleider abreißen Wertsachen.

Die Frauen wurden dann gezwungen, nackt zu stehen; Als sie versuchten, sich zu setzen, um ihre Körper zu bedecken, wurden sie getreten und gezwungen, wieder aufzustehen.

Im Lager der myanmarischen Armee in der Stadt Maungdaw, in dem Zeugen sagten, Frauen seien Ende August 2017 vergewaltigt worden Vergewaltigung während der militärischen Sperrung der Stadt Maungdaw

„Ich habe gesehen, wie das Militär in ihr Haus gegangen ist. Ich spähte aus meinem Haus. Sie weinte, aber sie wurde erwischt. Es gab so viele Soldaten. Zu viele zum Zählen. Sie schlugen ihre Familienmitglieder, einschließlich ihres Bruders.

Sie ist nicht zurückgekommen. Ich habe gehört, sie wurde 3 Tage lang festgehalten. " (Aus dem Zeugnis eines 15-jährigen Mädchens aus Station 5, das zwei Frauen aus nahe gelegenen Häusern gesehen hat, eine 20-jährige unverheiratete Frau, die hinter ihr lebte)

Mehrere Flüchtlinge sagten aus, dass Frauen ab dem 25. August in der Stadt Maungdaw gefangen genommen und vergewaltigt worden waren, als die Stadt von Hunderten von Truppen in Sicherheit gebracht wurde. Vierzehn Frauen wurden aus ihren Häusern gefangen genommen; Zwölf wurden in einem provisorischen Armeelager in Bezirk 5 der Stadt vergewaltigt. Weitere vier Frauen in der südöstlichen Gemeinde Sidda Fara (Myoma Khayandan) der Stadt wurden in ihren Häusern vergewaltigt. zwei von ihnen wurden getötet.

Bis zum 25. August waren bereits etwa 500 Soldaten an zwei Hauptstandorten der Stadt stationiert: in der staatlichen Mittelschule im Westen der Stadt und in und um das Klostergelände Alodawpyae im Osten der Stadt.

Es herrschte eine strenge Ausgangssperre bei Nacht, und ab Mitte August flog jede Nacht eine Drohne spät über die Stadt.

Am Morgen des 25. August stellten sich militärische Scharfschützen entlang der Hauptstraßen auf und schossen Warnschüsse, um die Bewohner im Haus zu halten. Die Truppen begannen dann, Häuser zu überfallen, und wurden gesehen, wie sie Frauen wegnahmen.

Laut einer 19-jährigen Frau aus Station 5 befahlen Truppen, die in der Nähe ihres Hauses stationiert waren, einem Gemeindevorsteher namens Fayez, Frauen für sie bereitzustellen. Sie sagten ihm: "Wir sind müde und wir brauchen Frauen, die uns dienen." Der Schulleiter versteckte sich, und die Truppen beschlagnahmten Frauen aus den Häusern und brachten sie in ein provisorisches Lager, das in einer stillgelegten Schule (früher vom UNHCR unterstützt) in Station 5 eingerichtet worden war. Sie kannte 12 Frauen, die in das Lager gebracht wurden, darunter ihre 19-jährige unverheiratete Cousine.

Ihre Cousine kehrte nie zurück. Sie selbst wurde am 1. September von Truppen, die ihr Haus überfielen, geschlagen und in den Bauch getreten. Sie war im achten Monat schwanger und verlor ihr Baby.

Eine Frau, die Ende August durch das Stadtzentrum floh, sah vier junge Frauen, die von Truppen auf der Straße beschlagnahmt wurden.

In Sidda Fara im Südosten der Stadt Maungdaw wurden Ende August mindestens vier Frauen in ihren Häusern von Soldaten vergewaltigt. Einer wurde dann zusammen mit erstochen ihr Ehemann.

Eine andere wurde zu Tode gefoltert, indem ein Sack in ihre Vagina gezwungen wurde. Ihre 30-jährige Cousine, die gleichzeitig vergewaltigt wurde, beschrieb, was passiert ist:

"Ich sah ein paar Soldaten, die sich dem Haus meines Cousins näherten. Sie war halb angezogen vor dem Badezimmer und wurde zwangsweise ins Haus gebracht. Plötzlich sah ich ihren Mann eilen und versuchen, ins Haus zu gehen, aber die anderen Soldaten hielten ihn zurück.

Ich wusste nicht, was ich tun sollte. Ich habe nur geschrien. Dann sah ich einige Soldaten auf mich zukommen.

Ich schloss die Tür, aber sie brachen sie auf und zwei von ihnen hielten meine Arme, während die anderen mich vor meinen (drei) vergewaltigten.

Danach versuchte einer der Soldaten mich zu erstechen.

Ich hob meine Hand, wurde in die Hand gestochen und brauchte fünf Stiche. Sie haben mich nicht getötet, vielleicht weil die Dorfbewohner vor dem Haus meines Cousins überfüllt waren, also sind sie gegangen. Dann sah ich die Leichen meiner Cousine und ihres Mannes, die voller Blut waren. Ein Sack war in ihre Vagina eingeführt worden. Ihr 6 Monate altes Baby war mit Stiefeln zu Tode gestempelt worden. "

Vergewaltigung von Frauen, die über die Mayu-Berge fliehen Zeugen berichteten, dass zahlreiche Frauen und Mädchen aus Buthidaung vergewaltigt wurden, als Sicherheitskräfte sie beim Versuch erwischten, das Mayu-Gebirge zu überqueren, um die Grenze zu Bangladesch zu erreichen.

Sobald die militärischen Angriffe in Buthidaung im August begannen 25 begannen die Dorfbewohner massenhaft nach Westen zu fliehen. Sie vermieden Hauptstraßen aus Angst vor Sicherheitskräften und kletterten über die Mayu-Berge, obwohl es schwierig war, Alt und Jung auf den steilen Pfaden zu tragen.

Ein Flüchtling von Let Wai Dad Pa Zun Chaung beschrieb, wie eine verstörte Mutter ihr kleines Baby, das mit einem Tuch fest an die Brust gebunden war, während des Aufstiegs zu Tode gedrückt hatte.

Als Tausende von Dorfbewohnern begannen, die Gebirgspässe zu nehmen, versuchten myanmarische Truppen, sie zu blockieren. Ende August hinderten Hunderte von Truppen die Dorfbewohner daran, den Fatia-Pass zu überqueren, einen der sechs Hauptpässe über die Mayu-Berge zwischen den Townships Buthidaung und Maungdaw.

Flüchtlinge auf der Flucht nach Bangladesch mit Mayu-Bergen im Hintergrund

Eine 60-jährige Frau war unter ihnen. Nach ihrem Zeugnis wurden die Dorfbewohner mit vorgehaltener Waffe gezwungen, auf einem Feld zu hocken, auf dem einige getötet wurden (einschließlich ihres Schwiegersohns, der mit einem Messer zu Tode geschlagen wurde). Ihre 16-jährige Tochter „Hasina" wurde dann von einer Gruppe von etwa fünf Soldaten weggezogen und vor den Augen aller vergewaltigt.

Sie sagte, sie habe dies zu dieser Zeit bei Dutzenden anderer Frauen und Mädchen gesehen.

Danach wurden Hasina und etwa zehn weitere Frauen und Mädchen von den Truppen in ein nahe gelegenes Militärlager gebracht. Hasinas Mutter wartete und weinte zwei Tage lang am Wegesrand, bis Hasina zurückkam und ihr sagte, sie sei im Lager erneut vergewaltigt worden. Sie fuhren dann weiter über den Gebirgspass. Die Soldaten gaben ihre Blockade auf, als die Zahl der flüchtenden Dorfbewohner zu groß wurde, um aufzuhören.

Am Brizi-Gebirgspass, etwa 30 Kilometer weiter südlich (und nördlich der Hauptstraße Maungdaw-Buthidaung), wurden zwei junge Frauen von Regierungstruppen beschlagnahmt, nachdem sie aus ihren Häusern in Tat Myar Hali (Tat Min Chaung), Gemeinde Buthidaung, geflohen waren. Mitte September. Die Truppen töteten die beiden kleinen Kinder einer Frau und brachten dann beide Frauen zu eine nahe gelegene Militärbasis (vermutlich die große Militärbasis Aung Mingala im Dorf Kyaut Phyu Taung (Kyaw Pyu Taung), das dem Brizi-Pass in Buthidaung am nächsten liegt). Sie wurden an der Basis festgehalten und sechs Tage lang vergewaltigt. Während dieser Zeit wurde eine der Frauen in die Brust gestochen. Nach ihrer Freilassung es gelang ihnen, über den Brizi-Pass zu laufen und den Rand des Dorfes Zula Para östlich der Stadt Maungdaw zu erreichen, aber

Die Stichwunde der Frau war schwer infiziert und sie konnte nicht mehr laufen.

Die Dorfbewohner nahmen beide Frauen auf und versuchten, die Wunden der erstochenen Frau zu behandeln, aber sie starb am nächsten Tag. Dies wurde von einem älteren Dorfbewohner von Zula Para erzählt, der sich um die Frauen gekümmert hatte und eine Woche später floh, als Zula Para von Regierungstruppen angegriffen und niedergebrannt wurde.

Seine Schwester wurde bei dem Angriff lebendig verbrannt.

Muster des systematischen Einsatzes von Vergewaltigung

Die von Kaladan Press dokumentierten Fälle liefern starke Beweise dafür, dass Vergewaltigungen von der myanmarischen Armee systematisch geplant und als Waffe gegen die Rohingya-Bevölkerung während ihrer Räumungsoperation im Jahr 2017 eingesetzt wurden.

Mehrere Muster weisen darauf hin.

1. Weit verbreitete Inzidenz von Vergewaltigungen
Flüchtlinge lieferten Beweise dafür, dass in nur zwei Monaten -
Von Ende Juli bis Mitte September 2017 vergewaltigten Hunderte von Truppen der myanmarischen Armee an siebzehn verschiedenen Orten: elf Dörfer in Maungdaw und der Stadt Maungdaw selbst sowie vier Dörfer und zwei Gebirgspässe im Norden von Buthidaung. An diesen Vorfällen waren über 300 Frauen und Mädchen beteiligt.

Diese weit verbreitete Vergewaltigung, an der Hunderte von Truppen an verschiedenen Orten beteiligt sind, deutet auf eine hochrangige Genehmigung dieses Verbrechens hin.

2. Vergewaltigung in Militärlagern
An mindestens fünf verschiedenen Orten waren Frauen und Mädchen
Zwangshaft in Militärlagern festgehalten, um von Truppen für einen Zeitraum von bis zu zwei Wochen vergewaltigt zu werden. Dies kann nicht ohne die volle Genehmigung der Kommandanten der Lager geschehen sein.

Zwei der Lager befanden sich in Maungdaw: eines in der Nähe von Shilkali im Norden von Maungdaw und eines in der Stadt Maungdaw. Drei Lager befanden sich im Norden von Buthidaung: eines in Gufi (eingerichtet)

Myanmar Armee patrouilliert in Maungdaw vorübergehend in einer Dorfschule), eine in der Nähe des Fatia-Passes und eine in der Nähe des Brizi-Passes (wo Frauen, die auf der Flucht über die Mayu-Berge erwischt wurden, festgenommen wurden, wie bereits erwähnt).

In einem Fall erpressten Soldaten Geld von der Familie einer Frau als Gegenleistung für ihre Freilassung aus dem Lager. Eine 18-jährige Frau aus Shilkali im Norden von Maungdaw wurde Anfang August aus ihrem Haus verhaftet, weil sie verdächtigt wurde, Kontakt zu ARSA zu haben. Sie wurde etwa zwei Wochen lang in einem Militärlager festgehalten und vergewaltigt. Erst nachdem ihre Eltern der Armee einen großen Geldbetrag gezahlt hatten, wurde sie endgültig freigelassen, woraufhin die ganze Familie nach Bangladesch floh.

Die dreiste Gefangennahme von Frauen wegen Vergewaltigung in einem provisorischen Militärlager in der Abteilung 5 der Stadt Maungdaw selbst (wie bereits erwähnt), Straßen entfernt von zwei großen bestehenden Militärlagern, ist ein klarer Beweis für die hochrangige Sanktionierung dieses Verbrechens.

3. Vergewaltigung
Fast alle von Kaladan Press dokumentierten Vergewaltigungsfälle betrafen Gruppen von Soldaten, die Frauen und Mädchen gemeinsam schlugen, festhielten oder fesselten und sich abwechselten, um sie zu vergewaltigen. Da die meisten Fälle während Angriffen auf Dörfer stattfanden, wurde die sexuelle Gewalt häufig auch im Hinblick auf andere Soldaten begangen, die den Angriff starteten.

Die Tatsache, dass sich so viele Soldaten an verschiedenen Orten bereitwillig zusammengeschlossen haben, um Vergewaltigungen zu begehen - oder als Mitstreitkräfte dieses Verbrechen begangen hat -, zeigt ein klares Vertrauen in die Straflosigkeit. Dies kann nur auf das gemeinsame Wissen über die Genehmigung zur Vergewaltigung zurückzuführen sein.
Soldaten haben nicht nur zusammengearbeitet, um die körperliche Vergewaltigung zu begehen, sondern auch Frauen und Mädchen gemeinsam weiter gedemütigt, indem sie sie gezwungen haben, nackt vor ihnen zu gehen

von ihnen und werfen Geld auf sie. Zwei 18-jährige Überlebende von Vergewaltigungen aus Nord-Buthidaung berichteten, dass sie dieser Demütigung ausgesetzt waren: einer in Maung Nu und einer in einem Militärlager in der Nähe von Gufi.

Die Überlebende aus Maung Nu beschrieb, wie sie von einer Gruppe von ungefähr acht oder neun Soldaten in ihrem Dorf gefangen wurde. Sie wurde mit einer Waffe geschlagen, dann in ein leeres Haus gebracht, tastete und befahl, sich auszuziehen. Sie musste nackt vor den Soldaten gehen, während sie lachten und Geld auf sie warfen. Sie sagte, dass zwei oder drei bekannte Gesichter des örtlichen Bataillons (wahrscheinlich Light Infantry Battalion 564) waren und die anderen unbekannt waren.

Ein Flüchtling aus Gufi sagte, sie sei in ihrem Dorf beschlagnahmt worden und mit ungefähr zwölf anderen jungen Frauen in ein vorübergehendes Militärlager (in einer Schule im Dorf) gebracht. Sie wurden vergewaltigt und gezwungen, nackt vor ihren Vergewaltigern zu gehen, die nicht nur Geld auf sie warfen, sondern auch Fotos von ihnen machten. Sie wurde nach ihrer Freilassung ohnmächtig und musste einen Monat lang in einem Krankenhaus in Bangladesch behandelt werden. Als sie interviewt wurde, sagte sie, sie könne wegen Albträumen nicht schlafen. Das Wissen, dass Bilder ihres nackten Körpers aufgenommen und wahrscheinlich geteilt wurden, ist ein zusätzliches Trauma, das sie hat muss ertragen.

4. Keine Angst vor Zeugen

An mehreren Orten vergewaltigten Soldaten offen vor ihnen

von Zivilisten, einschließlich anderer Frauen, die bei Vergewaltigungen erwischt wurden, Familienmitgliedern oder großen Gruppen von Dorfbewohnern (wie in der Nähe des Fatia-Passes, als Truppen Dutzende von Frauen vergewaltigten, um Tausende von flüchtenden Dorfbewohnern zu sehen, die sich gewaltsam auf einem Feld versammelt hatten).

Dies zeigt erneut das völlige Vertrauen, dass Zeugen ihrer Verbrechen niemals die Möglichkeit haben würden, gegen sie auszusagen.

5. Eklatante Vergewaltigung junger Mädchen

Mehrere Vergewaltigungsopfer waren sehr junge Mädchen, die unweigerlich schwere Verletzungen erlitten haben. Wie bereits erwähnt, starb ein sechsjähriges Mädchen aus

Gufi, Buthidaung, nachdem es von einer Bande vergewaltigt worden wa eine Gruppe von Soldaten in der Nähe ihres Dorfes.

In Inn Din, Maungdaw, wurde eine 10-jährige wurde mitten in ihrem Dorf von Truppen vergewaltigt, nachdem ihr Vater vor ihren Augen getötet worden war.

Mädchen im Alter von zehn Jahren gehörten zu den zahlreichen Frauen, die über Nacht inhaftiert und in Shilkali im Norden von Maungdaw vergewaltigt wurden. Einige waren nach einer Vergewaltigung zu verletzt, um laufen zu können.

Trotz der offensichtlichen Kriminalität der Vergewaltigung von Minderjährigen haben Soldaten diese Handlungen offen begangen und ein völliges Vertrauen in die Straflosigkeit gezeigt.

6. Häufige Folter, Verstümmelung und Tötung von Vergewaltigungsopfern Die meisten Vergewaltigungsvorfälle betrafen andere Formen brutaler Folter, darunter Beißen, Schlagen, Schneiden mit Messern und Anzünden. In elf Dörfern sowie in der Stadt Maungdaw sind Vergewaltigungsopfer bekanntermaßen getötet worden oder an ihren

Verletzungen gestorben, einige nach schrecklicher Verstümmelung. Dies deutet darauf hin, dass Vergewaltigung Teil einer Gesamtstrategie war, um Frauen und Mädchen grausame Strafen aufzuerlegen - anscheinend wegen ihrer Identität als Rohingya.

Die sexuelle Gewalt in Naisapuru (Ngar Sar Kyeu) im Norden von Maungdaw war, wie man bezeugt, besonders brutal von einem 15-jährigen Mädchen, das sich auf einem nahe gelegenen Hügel versteckt und alles gesehen hat.
Mindestens 20 Frauen und Mädchen werden von Gruppen von 2-6 Soldaten vergewaltigt, gefoltert und getötet. Folter beinhaltete das Schlagen mit Waffen, das Binden von Frauen an Bäume mit gespreizten Beinen und das Schneiden von den Brüsten und Augen ausstechen. Einige Frauen wurden getötet indem sie sich die Kehlen durchschneiden lassen.

Als das Mädchen mit seiner Familie an die Grenze floh, nachdem sie sich sechs Tage lang versteckt hatte, kam sie an Leichen von fünf nackten Frauen hinter dem Hügel vorbei, auf dem sie sich versteckt hatte, darunter ein Körper, der mit abgeschnittenen Armen an einem Baum hing.

Während des Angriffs auf Tula Toli wurden auch Frauen nach Vergewaltigung verstümmelt. Eine Überlebende der Vergewaltigung beschrieb, wie Soldaten Frauen Brüste und Genitalien schneiden. Wie bereits erwähnt, starb in Sidda Fara, Stadt Maungdaw, eine Frau an Soldaten, die einen Sack aus Hanf in ihre Vagina zwangen, nachdem sie von einer Bande vergewaltigt worden war.

Diese Verstümmelungsmuster – wurde bereits während der Räumungsoperation 2016 - Zeigen Sie an, dass diese Folter nicht zufällig war. Sie schlagen vor, dass Soldaten angewiesen wurden, diese Handlungen zu begehen und die verstümmelten Leichen zur Schau zu stellen, um Terror in der örtlichen Gemeinschaft auszulösen. Die Verstümmelung der Geschlechtsorgane scheint absichtlich darauf ausgerichtet zu sein, die Fähigkeit der Armee zur Schau zu stellen, die Frauen ihres „Feindes" nicht nur sexuell zu besitzen, sondern auch ihre Fortpflanzungsmittel zu zerstören.

Vergewaltigungsopfer wurden in mindestens drei Dörfern lebendig verbrannt: in Done Paik, Tula Toli und Zula Fara, wo Mitte September eine Frau sah, wie ihre Schwester und drei

Töchter in ihrem Haus vergewaltigt und verbrannt wurden.

Bezeichnenderweise fand der Angriff auf Zula Para, bei dem Hunderte von Truppen etwa 50 Dorfbewohner erschossen und getötet, Gruppenvergewaltigungen begangen und das Dorf in Brand gesteckt hatten, lange danach statt 5. September - als die militärische Räumungsoperation laut Myanmars Staatsrat offiziell endete. Dass Soldaten es wagten, diese Gräueltaten - einschließlich der Vergewaltigung von Banden - danach zu begehen

Das angebliche Ende der Operation unter dem Blick der weltweiten Medien deutet erneut auf ein völliges Vertrauen in die Straflosigkeit hin, während die flagrante, weit verbreitete Inzidenz von Angriff auf Tula Toli: Massenvergewaltigungen befehlen Vergewaltigung liefert starke Beweise für systematische Planung und Genehmigung, das Ausmaß und die Art der sexuellen Gewalt in Tula Toli weist im Norden von Maungdaw auf die direkte Anordnung von Massenvergewaltigungen im Rahmen der Militäroperation gegen die Rohingya hin.

Die Gräueltaten in Tula Toli wurden dokumentiert im Detail von Journalisten und Menschenrechtsgruppen wie Human Rights Watch.

5 Es besteht kein Zweifel, dass Hunderte von Dorfbewohnern jeden Alters geschlachtet und viele Frauen vergewaltigt wurden. Die genaue Anzahl ist nicht bekannt, aber die von Kaladan Press befragten Zeugen schätzen weit über hundert.

Der Angriff auf Tula Toli fand am 30. August statt. Zeugen zufolge vorbei

Gegen 8 Uhr morgens drangen 400 Soldaten in das Dorf ein und schossen wahllos auf lokale Zivilisten. Die meisten Truppen kamen also aus dem Norden Zeugen vermuteten, dass sie aus dem großen BGP-Lager in gekommen waren Shab Bazar (Tamantha) etwa 10 Kilometer entfernt, aber auch lokal stationierte Truppen schlossen sich dem Angriff an. Es gab zwei existierende Militärlager im angrenzenden Rakhine-Dorf Tula Toli (eines wurde kürzlich in der Nähe einer buddhistischen Pagode errichtet), zwei Lager östlich des Flusses (eines am Rakhine) Dorf Wet Come) und eines im Chakma-Dorf Lob Boi.

Alle diese Lager wurden in den Wochen vor dem 25. August mit zusätzlichen Truppen verstärkt.

Als die Dorfbewohner vor Angst flohen, wurden Hunderte von Männern, Frauen und Kindern erschossen und erstochen. Jüngere arbeitsfähige Dorfbewohner, die es schafften, über den Purma-Fluss zu schwimmen, sahen entsetzt zu, wie ihre Verwandten geschlachtet, ihre Körper in frisch gegrabene Gruben gestapelt und in Brand gesteckt wurden. Während des Angriffs landete ein Hubschrauber.

Am Nachmittag versammelten sich Hunderte verbliebener Frauen und Kinder in einem großen Teich in der Nähe des Purma-Flussufers, wo sie gezwungen waren, etwa eine Stunde lang im hüfttiefen Wasser zu stehen vier Stunden, die Köpfe gesenkt, bewacht von Hunderten von Truppen. Einige Frauen wurden im Teich erschossen. Gruppen von Soldaten wechselten sich ab, um Frauen wegzuziehen und zu vergewaltigen.

Einige Frauen wurden in der Nähe im Hinblick auf die Gruppe vergewaltigt und als verstümmelt angesehen. Einige Gruppen von Frauen wurden zusammen mit Kindern in nahegelegene Häuser gebracht, wo sie vergewaltigt und gefoltert - einige getötet - und dann in Häusern eingeschlossen wurden, die in Brand gesteckt wurden.

Der Terror der Frauen und Mädchen, die stundenlang darauf warten, dass sie an der Reihe sind, vergewaltigt und getötet zu werden, ist nicht vorstellbar.

Eine 20-jährige Überlebende beschrieb, wie sie mit ihren Schwiegereltern vergewaltigt wurde: zwei Schwestern, drei junge Brüder und ihre Schwiegermutter, nachdem ihr kleines Baby gerade aus ihren Armen gerissen worden war getötet:

„Sie haben die Mütter getrennt und sie in einem großen Teich stehen lassen. Einige wurden in ein Haus gebracht. Ich selbst ging nach hinten, wo alle jungen Mädchen standen. An meiner Seite sahen wir Gruppen von 8-10 Soldaten, die Frauen vergewaltigten, traten und töteten. Ich sah sie Frauenbrüste schneiden und ihre Vagina schneiden.

Eine Gruppe kam und zwang uns in ein Haus. Zuerst vergewaltigten sie meine (16-jährige) unverheiratete Schwester und Schwiegermutter vor uns. Ich sah meine Schwester weinen und schreien. Dann habe ich keinen Ton gehört. Sie hatten sie getötet.

Dann hielten sie mich und (meine Schwester) "J", die im achten Monat schwanger war. Sie haben mit uns gemacht, was sie wollten. Wir schrien beide und kämpften.

Sie schlugen uns mit einem Stahlstab. Ich wurde bewusstlos.

Als ich bei Bewusstsein war, brannte das Haus, ebenso wie die Leichen meiner Familienmitglieder. Ich habe versucht, einen Ausweg zu finden, konnte es aber nicht.
Plötzlich sah ich meine Schwester "J" gegen die Bambuswand des Hauses treten, bis sie brach. Dann rannte sie ohne sich umzusehen.
Zu dieser Zeit waren wir beide nackt. Ich war verwirrt und fühlte so viel Schmerz in meinem Kopf und auch in meiner Hand, weil brennende Dachstücke darauf gefallen waren. Als ich sah, dass die Mauer gebrochen war und es einen Ausweg gab, rannte ich raus.
Zu dieser Zeit fühlte ich, wie jemand versuchte, meine Hand zu halten. Es war mein achtjähriger Bruder, aber ich konnte ihn nicht festhalten. Wenn ich Kleider getragen hätte, hätte er sich vielleicht an meinen Kleidern festhalten können, aber ich war nackt. Ich musste rennen, um dem Feuer zu entkommen. Ich konnte ihn nicht halten, also wurde er mit anderen Familienmitgliedern verbrannt. "

(Ihr vollständiges Zeugnis finden Sie im Anhang des Berichts).

Die Art der gesamten Operation in Tula Toli - die große Anzahl von Truppen aus verschiedenen Lagern und die logistische Luftunterstützung (die eine Koordinierung mit der Luftwaffe erforderlich macht) - machen deutlich, dass der Angriff auf sehr hohem Niveau geplant und koordiniert wurde die gesamte Zivilbevölkerung des Dorfes als Ziel. Bei einer präzisen militärischen Operation dieser Art können groß angelegte Gräueltaten nicht zufällig begangen worden sein. Vielmehr müssen sie gewesen sein
systematisch geplant und sequenziert: zuerst Massenmord, dann Massenvergewaltigung.

Die sexuelle Gewalt in Tula Toli scheint daher zu sein ein integraler strategischer Bestandteil der Operation, bei der Frauen und Kinder, die die Anfangsphase von überlebt haben
Der Angriff wurde als nächste Phase für Gruppenstrafen der schrecklichsten Art aufgerundet. Mit anderen Worten, die Massenvergewaltigung in Tula Toli wurde nach bestimmten Anweisungen begangen.
Schlussfolgerung und Empfehlungen

Von Kaladan Press dokumentierte Aussagen zeigen, dass die Truppen der myanmarischen Armee während ihrer Räumungsoperation im nördlichen Bundesstaat Rakhine im Jahr 2017 häufig flagrante, brutale sexuelle Gewalt begangen haben. Dies liefert den Beweis, dass Armeekommandanten planten und verwendeten Vergewaltigung systematisch als Waffe gegen die Rohingya-Bevölkerung.

Der systematische Einsatz von Vergewaltigung als Waffe ist ein Kriegsverbrechen, ein Verbrechen gegen die Menschlichkeit und eine Völkermordtaktik, für die die Militärführer in Myanmar verantwortlich gemacht werden müssen.

Die Regierung von Myanmar muss unbedingt aufhören, ihre Streitkräfte blind zu verteidigen, und sofort Maßnahmen ergreifen, um die systematischen Gräueltaten des Militärs, einschließlich sexueller Gewalt, zu beenden - nicht zuletzt wegen der Gefahr für die gesamte Gesellschaft. Indem Militärkommandanten ihre Truppen ermächtigen und anweisen, Vergewaltigungen zu begehen, ermutigen sie sie, sexuelle Befriedigung durch Gewaltakte zu finden, die Schmerz und Terror verursachen.
und das Leben von Frauen irreparabel schädigen. Mit Hunderttausenden von Truppen

in ganz Myanmar hat dies schreckliche Auswirkungen auf die Sicherheit von Frauen und Mädchen im ganzen Land.

Wir geben daher folgende Empfehlungen ab:

An die Regierung von Myanmar:
• Um der myanmarischen Armee zu befehlen, die sofort zu beenden
willkürliche Verhaftung, Folter, Tötung und Vergewaltigung von Zivilisten
• Sofortige Einleitung von Prozessen, um die gesamte Kommandostruktur der Armee zur Rechenschaft zu ziehen, um diese Gräueltaten zur Rechenschaft zu ziehen. Ein erster Schritt besteht darin, die UN-Mission zur Ermittlung von Fakten in das Land zuzulassen und die Sicherheit aller während der Untersuchung befragten Personen zu gewährleisten
• Sofortigen Zugang von humanitären Organisationen zu allen Gebieten des Bundesstaates Rakhine und uneingeschränkte humanitäre Hilfe
• Aufhebung aller bestehenden missbräuchlichen Beschränkungen und Gewährung von Grundrechten an Rohingya gemäß der UN-Charta, einschließlich des Rechts auf Selbstidentifikation
• Damit die Rohingya an ihren ursprünglichen Wohnort zurückkehren können, mit der Garantie eines vollständigen Schutzes ihrer Rechte.

An die internationale Gemeinschaft:
• Alle Mittel einsetzen, um Druck auf die Regierung von Myanmar auszuüben
den Völkermord an den Rohingya zu beenden
• Entsendung einer internationalen Friedenstruppe zum Schutz und zur Gewährleistung der Sicherheit von Zivilisten, einschließlich zurückkehrender Flüchtlinge, in den Bundesstaat Rakhine
• Gemeinsam mit Rohingya die Rückgabe ihrer Grundrechte fordern - und nicht um die Benennung der „neuen" Staatsbürgerschaft für die Rohingya bitten.

An die Regierung von Bangladesch:
• Allen Flüchtlingen, die aus Myanmar fliehen, Schutz und Schutz zu bieten und den humanitären Organisationen die uneingeschränkte Hilfe für diese Flüchtlinge zu ermöglichen
• Um sicherzustellen, dass alle Flüchtlinge nach Myanmar zurückgeführt werden
freiwillig, sicher und würdevoll.

Endnoten

1
http://www.ohchr.org/EN/NewsEvents/Pages/D
isplayNews. aspx? NewsID = 21142
2 Das Präsidentenamt der Republik der Union
von Myanmar, Pressemitteilung: „Keine
Hinweise auf Verbrechen gegen die
Menschlichkeit, ethnische Säuberungen",
http://www.president-office.gov.mm/ de /? Q =
Briefing-Room / News / 2017/08/07 / id-7639
3 Kaladan Press Network, Bericht vom Oktober
2017, Aussagen von Flüchtlingen widersprechen
der birmanischen Regierungsversion der
„Terroranschläge" vom 25. August,
http://www.kaladanpress.org/images/
document / 2017 / Investigative-Analysis.pdf
4
http://www.unhcr.org/news/briefing/2017/9/59
b24a074/ bangladesch-flüchtlingslager-
kapazität-erschöpft-tausende-notdürftige-
unterkünfte.html
5
https://www.hrw.org/report/2017/12/19/massa
cre-river/burmesische-armee-verbrechen-
gegen-die-menschlichkeit-tula-toli

Anhang 1: Chronologische Liste der von
Kaladan Press dokumentierten Vorfälle
sexueller Gewalt

Flüchtlinge versorgen

Hinweise auf sexuelle Gewalt Datum der sexuellen Gewalt

Zusammenfassung der sexuellen Gewalt
Sex,
Alter
Dorf,**
Gemeinde
Gewalt*
1 F, 26 Gufi (Goke Pi), N. Buthidaung

2 F, 18 Shilkali (Kyauk
Chaung),
N. Maungdaw
Später Juli,
2017

Früh
Aug,
2017
Ihre 6-jährige Cousine wurde in der Nähe des Dorfes von etwa 5 Soldaten vergewaltigt. schwer verletzt, starben einige Tage später.

Von Truppen verhaftet, für 15 Tage ins Militärlager gebracht und vergewaltigt; wurde freigelassen, nachdem die Eltern viel Geld bezahlt hatten.

3 M,
35
Gufi (Goke Pi), N. Buthidaung
Mitte August,
2017
Sah sexuellen Missbrauch einer jungen Frau in seinem Dorf durch 8 Soldaten; sie banden ihre Familie zusammen und tasteten, biss und schlugen sie, bis sie nicht mehr gehen konnte; Geld von der Familie erpresst, dann verlassen.
4 F, 23 Tami
(Tin May),
N. Buthidaung
Europäische Sommerzeit. Aug.
18, 2017
Wurde zu Hause von 4-5 Soldaten vor ihren 3 Kindern vergewaltigt. Sie wurde geschlagen, getreten und auf Wange und Hals gebissen.
5 F,
60er Jahre
Gufi (Goke Pi), N. Buthidaung

22. August
2017

Ihre 28-jährige verheiratete Tochter wurde vergewaltigt

zu Hause von 3 Soldaten; Baby auf den Boden geworfen.

* Da die meisten der befragten Flüchtlinge einen Mondkalender verwenden, handelt es sich bei einigen Daten um Schätzungen

** Einige große Dörfer sind tatsächlich Gruppen von Dörfern

6 F, 26 Tami (Tin May), N. Buthidaung
Europäische Sommerzeit. Aug.
22, 2017
Truppen drangen in das Dorf ein und vergewaltigten 3 Frauen in ihren Häusern, eine wurde gefesselt und vor ihrem Ehemann vergewaltigt, der geschlagen wurde.

7 M,
38
Fertig Paik (Aung Seik Pyin),
N. Maungdaw
25. August
2017
Ungefähr 300 Soldaten griffen das Dorf an und brannten es nieder. Hunderte von Dorfbewohnern auf das Feld gezwungen, etwa 20 junge Frauen wurden zur Vergewaltigung gebracht in getrennten Häusern, dann alle in ein Haus gesteckt und verbrannt (einschließlich 4

seiner Verwandten, 18 Jahre, 20, 22, 25 - und seine 53-jährige Schwester, die sich im Haus versteckt hatte). Männer und Jungen auf dem Feld wurden mit Maschinengewehren erschossen, viele getötet und ihre Körper verbrannt.

8 F, 25 Myint Lut,

S. Maungdaw

25. August

2017

Als Truppen von der nahe gelegenen Basis ihr Dorf angriffen, rannte sie weg; Die 20-jährige Cousine ihres Mannes konnte nicht rechtzeitig rennen und wurde von Soldaten vergewaltigt (gesehen von Jugendlichen, die sich in der Nähe versteckten). Ihre sterblichen Überreste wurden gefunden, nachdem das Dorf am 28. August von Truppen niedergebrannt worden war.

9 M,

45

Ale Than Kyaw, S. Maungdaw

25. August

2017

Truppen griffen sein Dorf an und töteten seinen 21-Jährigen

Sohn und 11 andere in seiner Abteilung; Seine 18-jährige Nichte wurde von Soldaten aus ihrem Haus gezogen und nie wieder gesehen.

10 F, 32 Shilkali (Kyauk
Chaung),
N. Maungdaw
11 F, 15 Naisapuru
(Ngar Sar Kyeu), N. Maungdaw
25. August
2017
25. August -
31, 2017
Um 8 Uhr morgens kamen Truppen in ihr Dorf
und schnitten zwei männlichen Verwandten im
Alter von 8 und 8 Jahren die Kehlen auf dann
nahm sie weg 16-jährige Schwester und
Schwägerin; Sie hörte, dass sie vergewaltigt und
getötet wurden.
Als das Dorf angriff, versteckte sie sich auf
einem Berg und sah hinüber wie 20 junge
Frauen vergewaltigt und getötet; einige an
Bäume gebunden, Brüste abgeschnitten, Augen
ausgehöhlt.

12 M,
18
Udaung,
S. Maungdaw
25. August -
27, 2017
Er floh, als Truppen in sein Dorf schossen;
versteckte sich in der Nähe bis zum 27. August,

als er Leichen von sah 7 nackte Frauen draußen
Basra Dorf (1 Meile entfernt).

13 F, 15 Nayapara, Bezirk 5, Stadt Maungdaw
Europäische Sommerzeit. Aug.
25, 2017
Viele Truppen haben gewaltsam zwei Frauen
aus ihren Häusern geholt, darunter
20-jähriger Nachbar, der 3 Tage lang
festgehalten wurde.

14 M,
36
Inn Din,
S. Maungdaw
26. August
2017
Als Truppen sein Dorf angriffen, sah er drei
Soldaten, die einen Mann töteten und seine 10-
jährige Tochter vergewaltigten.

15 F, 25 So Fara
(Sin Oo Pyin), N. Buthidaung
26. August
2017
3 Frauen vergewaltigt von 9 Soldaten auf der
Flucht vor dem Angriff von 200 Soldaten auf das
Dorf.
16 M,
50

17 M,
52
Shilkali (Kyauk
Chaung),
N. Maungdaw
Maung Nu,
N. Buthidaung
27. August
2017

27. August
2017
Ungefähr 200 Truppen zwangen männliche
Dorfbewohner ins Feld und brachten dann
mehrere hundert weibliche Dorfbewohner
(einschließlich seiner Frau) in das
Schulgebäude. wählte Partituren von jungen
Frauen und Mädchen, die über Nacht
vergewaltigt wurden.
Aus dem Versteck sah Massaker von etwa 80
Menschen, und etwa 20 Frauen wurden
ausgeraubt und von Soldaten gezwungen, sich
nackt auszuziehen.
18 F, 18 Maung Nu,
N. Buthidaung
19 F, 15 Shoragozi bil (Da Gyi Zar), N.
Maungdaw
Europäische Sommerzeit. Aug.
27, 2017
28. August

2017

Von 8-9 Truppen mit Waffen geschlagen, die sie tasteten, in ein leeres Haus brachten, sie ausziehen ließen und nackt vor ihnen gingen; sie lachten sie aus, warfen Geld auf sie und vergewaltigten sie mit etwa 20 andere Frauen / Mädchen; sie wurde einen Monat lang verletzt und geblutet; Einige der anderen Frauen waren so schwer verletzt, dass sie nicht laufen konnten. einige starben.

Über 100 Truppen griffen ihr Dorf an, ihre 15-jährige Freundin wurde auf der Flucht gepackt und von Soldaten vergewaltigt; Sie sahen ihren toten Körper.

20 F, 19 Nayapara, Bezirk 5, Stadt Maungdaw

21 F, 35 Ward 5, Stadt Maungdaw

22 F, 20 Tula Toli

(Min Gyi),

N. Maungdaw

28. August

2017

29. August

2017

30. August

2017

Die Truppen befahlen der Gemeindevorsteherin, Frauen für sie in einem provisorischen Lager in der Schule ihrer Gemeinde zur Verfügung zu stellen. 12 Frauen wurden beschlagnahmt und in die Schule gebracht, darunter auch ihre Cousine.

Als sie durch die Stadt floh, sah sie Truppen, die 4 Frauen fingen und wegbrachten.

Über 400 Soldaten kamen ins Dorf gerannt, schossen und schlugen mit Messern auf; ihr 1-jähriges Baby wurde ihr weggenommen und getötet. Sie musste mit Hunderten von Frauen in einem Teich stehen. einige vergewaltigt

auf freiem Feld in der Nähe; Gruppen von 8-10 Soldaten nahmen Frauen Gruppe für Gruppe in Häuser, vergewaltigten sie, schlugen sie und zündeten Häuser an. Sie war

mit Schwiegereltern genommen: Mutter, 2 Schwestern und 3 junge Brüder in ein Haus. Soldaten vergewaltigten und töteten ihre Mutter und eine Schwester; dann vergewaltigte sie und schwangere Schwester und schlug sie auf den Kopf. Sie wachte auf und fand ein brennendes Haus. Mit schwangerer Schwester geflohen, aber alle jungen Brüder starben im Feuer.

23 F, 19 Tula Toli
(Min Gyi),
N. Maungdaw
24 F, 16 Tula Toli
(Min Gyi),
N. Maungdaw
30. August
2017

30. August
2017
Zusammen mit der Schwägerin vergewaltigt (siehe oben). Sie war im achten Monat schwanger. Sie wurde auf den Kopf geschlagen und erlitt Verbrennungen, überlebte aber. Geburt eines kleinen Mädchens in Bangladesch. Ihr Mann wurde getötet. Europäische Sommerzeit. 500 Truppen der myanmarischen Armee griffen das Dorf an. Bin gelaufen und habe mich versteckt, als ich angegriffen wurde; 15 Familienmitglieder getötet; sah Hunderte von Frauen im Teich zusammengetrieben und genommen, um in Gruppen vergewaltigt zu werden; 2 Verwandte vergewaltigt und getötet; 2 andere vergewaltigt und verletzt; sah 8 Monate schwangere Schwägerin zu Tode geschlagen.
25 M,
22

26 M,
18
Tula Toli
(Min Gyi),
N. Maungdaw
Tula Toli
(Min Gyi),
N. Maungdaw

30. August
2017

30. August
2017
Frau im Haus mit 10 Frauen vergewaltigt, ihr Kiefer gebrochen, kleiner Sohn getötet.
Seine Mutter und fünf Brüder und Schwestern wurden getötet; Viele Frauen wurden in Häuser gebracht, um vergewaltigt zu werden, und dann wurden Häuser in Brand gesteckt. Seine 23-jährige Tante wurde vergewaltigt, bewusstlos geschlagen, aber in Bangladesch überlebt und behandelt.
27 M,
25
28 M,
17
Tula Toli
(Min Gyi),
N. Maungdaw
Tula Toli
(Min Gyi),
N. Maungdaw
30. August
2017
30. August
2017

8 widersprechen, verwirren seine Frau und 3 kleine Kinder. Seine 20-jährige Schwester wurde vergewaltigt, mit einem Messer auf den Kopf geführt und im brennenden Haus gehört; Sie überlebten und wurden in den medizinischen medizinisch behandelten. Verwandte Eltern und 7 Geschwister; Er schwamm über den Fluss und sah, wie Frauen von Gruppen von Menschen mit gekauften Soldaten in Häusern, Wahr Frauen, Ansichten dann Soldaten herauskommen, die Tür schließen, Heu auf die Häuser legen und sie in Brand setzen.

29 F, 18 Gufi (Goke Pi), N. Buthidaung

Ende August,

2017

Männer und Frauen trennten sich in ihrem Dorf; Sie Krieg wird mit anderen 12 anderen jungen Frauen im anderen ein Militärlager in der öffentlichen Schule und vergewaltigt; Sie müssen mit anderen Frauen nackt strippen gehen vor Soldaten, die Fotos von ihnen machten und Geld auf sie warfen.

(5) F,

60er Jahre

Gufi (Goke Pi), N. Buthidaung

Ende August,

2017

Nachdem ihr Dorf angegriffen worden war, floh sie mit ihrer Familie zum Fatia Pass. Tausende flüchtende Dorfbewohner mussten sitzen auf dem Weg von Hunderten von Truppen; ihre 16-jährige Tochter mit Partituren von jungen Frauen / Mädchen, die 20 Meter entfernt vergewaltigt wurden, in voller Sicht auf andere. Ihre Tochter wurde dann mit ungefähr 10 anderen Mädchen in das nahe gelegene Militärlager gebracht und 2 Tage lang vergewaltigt.

30 F, 30 Sidda Fara (Myoma Khayandan), Stadt Maungdaw

31 F, 31 Sidda Fara (Myoma Khayandan), Stadt Maungdaw

32 F, 40 Sidda Fara (Myoma Khayandan), Stadt Maungdaw

Ende August,

2017

Ende August,

2017

Ende August,

2017

Sah, wie Cousin von einer Gruppe Soldaten gepackt und zur Vergewaltigung vergewaltigt wurde im nahe gelegenen Haus; Sie wurde dann von fünf anderen Soldaten vor ihren drei Kindern vergewaltigt. sie wurde in die Hand gestochen; später sah Leiche der Cousine und ihres Mannes; Cousine getötet, indem ein Schlange in ihre Vagina gezwungen wurde.

3 Soldaten kamen zu ihrem Haus und vergewaltigten sie mitten am Tag vor 2 ihrer Kinder, die mit Gewehren geschlagen wurden.

Ich sah Soldaten, die einen Nachbarn vergewaltigten, sie und ihren Ehemann zu Tode erstachen und dann ihre Körper verbrannten.

33 F, 15 Hadirbil (Nyaung Chaung),

S. Maungdaw

34 F, 30 Cheinkali,

S. Maungdaw

35 F, 30 Zula Fara, östlich der Stadt Maungdaw

Ende August - früh

Sept,

2017

1. September

2017

Mitte September,

2017

Eltern erschossen, als das Dorf angriff, Armee- und Nicht-Rohingya-Dorfbewohner weibliche Dorfbewohner trennten und sie durchsuchten und beraubten; Ihre Brüste und Genitalien tasteten. 7 Frauen wurden von Truppen vergewaltigt, als das Dorf angriff (darunter 3 Verwandte im Alter von 18, 20 Jahren und 20) und Dorfbewohner versammelten sich gewaltsam am Straßenrand.

Hunderte von Truppen kamen mit dem Lastwagen und begannen Dorfbewohner zu erschießen und Häuser zu verbrennen. Sie sah ihre ältere Schwester und 3 Nichten, 22, 17, 13 Jahre alt, vergewaltigt und lebendig verbrannt. Ihr Sohn der 6-Jährige wurde an der Brust angeschossen und schwer verletzt.

36 M,

60

Zula Fara, östlich der Stadt Maungdaw

Mitte September,

2017

Mitte September waren zwei Frauen aus Tat Myar geflohen

Hali (Tat Min Chaung) in Buthidaung kam nach Zula Fara; Bevor sie den Brizi-Pass überquerten, wurden sie von Soldaten angehalten, die 2 Kinder einer Frau getötet und beide 6 Tage lang in einem Militärlager vergewaltigt. 1 Frau war erstochen worden, sie starb am Tag nach ihrer Ankunft in Zula Fara an einer infizierten Wunde.

Anlage 2

Zeugnis eines 20-jährigen Überlebenden der Vergewaltigung aus Tula Toli Dorf (Chortoli Abschnitt), nördlich

Maungdaw

Es geschah am Mittwoch, dem 30. August 2017. Am Morgen um 8 Uhr hörten wir Schießen. Wir kamen alle heraus, um zu sehen, was los war.

Ich sah Leute aus einem anderen Dorf namens Deol Toli rennen. Die Armee rannte ihnen nach. Es gab so viele Soldaten. Ungefähr vier- oder fünfhundert.

Wir waren verängstigt. Ich habe gerade meine Tochter festgehalten, die ein Jahr und vier Monate alt war. Ich lief mit der Schwester meines Mannes "J", die im achten Monat schwanger war. Sie war zum Haus meines Schwiegervaters gekommen, um eine ihrer Schwestern zu besuchen, die 16 Jahre alt und sehr schön ist. Zusammen mit meinen drei Brüdern (12, 8 und 6 Jahre alt) und meiner Schwiegermutter und meinem Schwiegervater rannte ich auf die andere Seite des Dorfes, wo es einen Fluss gibt. Aber wir konnten nicht am Militär vorbei. Sie haben nur geschossen. So viele Menschen fielen hin. Ein paar Leute versuchten in den Fluss zu springen, aber sie konnte nicht überleben. Alle starben. Diejenigen, die am Fluss waren, legten sich einfach auf den Boden. Die Armee kam und wählte die Männer aus und fing an, sie mit großen Messern zu erstechen, sie zu erschießen und sie mit Stahlstäben zu schlagen. Neben mir waren mein Schwiegervater und ein anderer Mann, ein angesehener Ältester. Sie legten sich hin. Sie wurden von Macheten getötet.

Die Armee tötete bis zum Nachmittag Männer. Ein Hubschrauber war im Dorf Rakhine (Tula Toli (Min Gyi)) gelandet.

Einige Rakhine-Jungen kamen mit Zylindern und gruben drei große Löcher.

Sie stecken alle Leichen in diese Löcher und verteilen Benzin auf die Körper und setzen sie dann mit den Zylindern in Brand. Wir haben einige kleine Jungen gesehen, die noch im Loch leben. Sie wurden raus genommen und mit Macheten aufgeschlitzt. Danach verteilen sie einige Blätter und Erde auf dem Loch.

Sie trennten die Frauen. Sie fanden fünf Männer am Leben. Sie trennten sie und erschossen sie.

Sie packten alle Kinder aus der Brust ihrer Mutter und warfen sie zu Boden um sie zu töten. Bevor sie getötet wurden, wurden die Mütter der Babys getrennt. Ich sah, dass sie zu mir kamen. Ich wusste, dass sie auch mein Baby töten würden. Mein Atem hörte einfach auf.
Sie warfen meine Tochter vor mich (und töteten sie). Sie weinte, als sie sie von meiner Brust nahmen.

Es gab so viele Kinder, einige nur ein Jahr alt oder sogar zwei bis drei Tage alt - sie wurden auch zu Boden geworfen. Ich sah einige Kinder, die sich bewegten, von den Soldaten mit ihren Stiefeln zu Tode gestempelt zu werden.

Wieder trennten sie die Mütter und ließen sie in einem großen Teich stehen. Einige wurden in ein Haus gebracht. Ich selbst ging nach hinten, wo alle jungen Mädchen standen.

An meiner Seite sahen wir, wie die Armee Frauen vergewaltigte, trat und tötete. Ich sah sie Frauenbrüste schneiden und ihre Vagina aufschneiden.

Als das Militär vergewaltigte und tötete, taten sie dies in Gruppen von 8 bis 10 Soldaten.

Eine Gruppe kam und zwang uns in ein Haus. Zuerst vergewaltigten sie meine unverheiratete Schwester und Schwiegermutter vor uns.

Ich sah meine Schwester weinen und schreien. Dann habe ich keinen Ton gehört. Sie hatten sie getötet. Dann hielten sie mich und "J", die im achten Monat schwanger war. Sie haben getan, was sie wollte mit uns. Wir schrien beide und kämpften. Sie schlugen uns mit einem Stahlstab. Ich wurde bewusstlos.

Als ich bei Bewusstsein war, brannte das Haus, ebenso wie die Leichen meiner Familienmitglieder. Ich habe versucht, einen Ausweg zu finden, konnte es aber nicht. Plötzlich sah ich meine Schwester "J" gegen die Bambuswand des Hauses treten, bis sie brach. Dann rannte sie ohne zurück zu schauen.

Zu dieser Zeit waren wir beide nackt. Ich war verwirrt und fühlte so viel Schmerz in meinem Kopf und auch in meiner Hand, weil brennende Dachstücke darauf gefallen waren. Wann ich sah, dass die Mauer gebrochen war und es einen Ausweg gab, ich rannte raus. Zu dieser Zeit fühlte ich, wie eine Hand versuchte, meine Hand zu halten. Es war mein achtjähriger Bruder, aber ich konnte ihn nicht festhalten. Vielleicht wenn ich Kleider trug, hätte er sich an meinen Kleidern festhalten können, aber ich war nackt.

Ich musste rennen, um dem Feuer zu entkommen. Ich konnte ihn nicht halten, deshalb wurde er mit anderen Familienmitgliedern verbrannt.

Ich rannte und sprang über den Zaun in der Nähe des Hausgeländes. Ich versteckte mich neben dem Zaun. Ich sah, dass sich auch meine Schwester „J" dort versteckte. Wir blieben bis

Mitternacht. Wir sahen, dass die Soldaten ein Bad nahmen und ihre Waffen wuschen. Als es keinen Ton gab, bewegten wir uns und folgten einem Pfad. Wir erreichten den Fluss. Wir haben so viele Körper im Wasser am Flussufer gesehen. Als wir gingen, traten wir auf diese Körper.

Wir fanden den Sarong eines Mannes in einer kaputten Schachtel und teilten ihn in zwei Teile, um uns zu bedecken. Wir erreichten dann das nächste Dorf, Wetcome, wo sich das Haus von "J "s Ehemann befand. Niemand war da.
Es war alles leer und die Häuser wurden niedergebrannt. Wir verbrachten die ganze Nacht in einer kleinen Hütte ohne Essen oder Kleidung. Wir hatten zu viele Schmerzen und wurden von Mücken gebissen wir konnten nicht schlafen Am Morgen hörten wir ein Handy klingeln und eine Männerstimme auf dem Handy sprechen. Wir gingen vor das Haus. Zu dieser Zeit bellten zwei Hunde und umgab uns. Der Mann kam nach draußen und ich bat: "Bitte sieh uns nicht an, wir sind nackt. Wenn Sie Kleidung haben, geben Sie sie uns bitte. " Sein Name war "T", der 40-jährige Vater von zwei Kindern. Er hatte sich im Wald versteckt. Als er ins Dorf kam, sah er niemanden. Er gab uns Essen und sagte: „Warte nur hier. Ich möchte nach draußen gehen, um meine Familie zu finden. "

Wir weinten und sagten: „Bitte nehmen Sie uns mit. Wenn sie dich töten, werden wir auch mit dir sterben. "

Er sagte uns, wir sollten nur eine Weile warten, weil wir verletzt waren und es ihm nicht möglich sein würde, seine Familie bei uns zu finden. Wir warteten und er kehrte nach ein paar Stunden zurück. Er konnte keines seiner Familienmitglieder finden. Er schlug vor, dass es besser wäre, sich zu bewegen, also begannen wir unsere Reise mit ihm.

Wir zogen drei Tage lang von einem Dorf in ein anderes. Dann stoppten wir unsere Reise im dritten Dorf. Als wir an den Dörfern vorbeikamen, sahen wir keine Anzeichen von Menschen. Dort gab es nur leere, kaputte und verbrannte Häuser. Wir sahen viele faule Körper, die schlecht rochen. Wir folgten den Nebenstraßen der Dörfer. Im dritten Dorf sahen wir einen Mann und baten um Hilfe.
Er suchte auch Schutz in diesem Dorf. Er sagte, wir könnten bei seiner Familie bleiben. Seine Mutter half uns beim Baden und gab uns Essen, aber ich konnte nicht kauen, weil meine Zähne solche Schmerzen hatten. Mein ganzes Gesicht war verletzt. "J" wurde ebenfalls verletzt. Wir waren beide mit einer Stahlstange auf den Kopf

getroffen worden, also hatten wir verloren viel Blut.

Mit Hilfe von zwei anderen Männern wurden wir zu einem Rohingya-Arzt im Dorf Murikkum geschickt. Er nähte uns die Köpfe und fragte, ob wir jemanden hätten, der sich um uns kümmern könnte. Wir sagten Nein, sie waren alle tot. Er hat unser Foto gemacht und auf Facebook gepostet.

Einer meiner Onkel kommentierte in dem Beitrag, dass er mein Onkel sei und mein Mann am Leben sei. Als die Leute in den Fluss gesprungen waren, konnten er sich glücklicherweise und ungefähr vier oder fünf andere Leute verstecken. Er kam um Mitternacht und stellte mehrere Männer ein, um uns zu tragen. Er lieh 60.000 Kyat für die Träger.

Am Morgen erreichten wir endlich das Ufer des Flusses (Naf) und nahmen ein Boot, um gegen 11 Uhr in Bangladesch anzukommen. Die Leute zeigten uns das MSF-Krankenhaus. Wir waren sieben Tage im Krankenhaus. Danach blieben wir drei Tage im Haus einiger Einheimischer, dann bekamen wir Schutz in Kutupalong (Flüchtlingslager). Am 20. Tag brachte „J" ein Mädchen im Krankenhaus zur Welt.

"J" verlor ihren Ehemann bei dem Massaker von Tula Toli (Min Gyi). Sie hörte diese Nachricht, als sie im Krankenhaus war.

Endnotes

1
http://www.ohchr.org/EN/NewsEvents/Pages/D isplayNews. aspx?NewsID=21142
2 The Republic of the Union of Myanmar President Office, press release, "No evidence of crimes against humanity, ethnic cleansing," http://www.president-office.gov.mm/
en/?q=briefing-room/news/2017/08/07/id-7639
3 Kaladan Press Network, Oct 2017 report, Refugee testimonies contradict Burmese government version of the August 25 "terrorist attacks," http://www.kaladanpress.org/images/ document/2017/Investigative-Analysis.pdf
4
http://www.unhcr.org/news/briefing/2017/9/59 b24a074/ bangladesh-refugee-camp-capacity-exhausted-thousands- makeshift-shelters.html
5
https://www.hrw.org/report/2017/12/19/massa cre-river/
burmese-army-crimes-against-humanity-tula-toli

* As most of the refugees interviewed use a lunar calendar, some of the dates are estimates
** Some large villages are actually clusters of villages

Anlage 2
Zeugnis eines 20-jährigen Überlebenden der Vergewaltigung aus Tula Toli Dorf (Chortoli Abschnitt), nördlich Maungdaw

Es geschah am Mittwoch, dem 30. August 2017. Am Morgen um 8 Uhr hörten wir Schießen. Wir kamen alle heraus, um zu sehen, was los war. Ich sah Leute aus einem anderen Dorf namens Deol Toli rennen. Die Armee rannte ihnen nach. Es gab so viele Soldaten. Ungefähr vier oder fünfhundert.

Wir waren verängstigt. Ich habe gerade meine Tochter festgehalten, die ein Jahr und vier Monate alt war. Ich lief mit der Schwester meines Mannes "J", die im achten Monat schwanger war. Sie war zum Haus meines Schwiegervaters gekommen, um eine ihrer Schwestern zu besuchen, die 16 Jahre alt und sehr schön ist. Zusammen mit meinen drei Brüdern (12, 8 und 6 Jahre) und meiner Schwiegermutter und meinem Schwiegervater rannte ich auf die andere Seite des Dorfes, wo es einen Fluss gibt. Aber wir konnten nicht am Militär vorbei. Sie haben nur geschossen. So viele Menschen fielen hin. Ein paar Leute versuchten in den Fluss zu springen, aber sie konnte nicht überleben. Alle starben. Diejenigen, die am Fluss waren, legten sich einfach auf den Boden. Die Armee kam und wählte die Männer aus und fing an, sie mit großen Messern zu erstechen, sie zu erschießen und sie mit Stahlstäben zu schlagen. Neben mir waren mein Schwiegervater und ein anderer Mann, ein angesehener Ältester. Sie legten sich hin. Sie wurden von Macheten getötet.

Die Armee tötete bis zum Nachmittag Männer. Ein Hubschrauber war im Dorf Rakhine (Tula Toli (Min Gyi)) gelandet. Einige Rakhine-Jungen kamen mit Zylindern und gruben drei große Löcher. Sie stecken alle Leichen in diese Löcher und verteilen Benzin

auf die Körper und setzen sie dann mit den Zylindern in Brand. Wir haben einige kleine Jungen gesehen, die noch im Loch leben. Sie wurden genommen
raus und mit Macheten aufgeschlitzt. Danach verteilen sie einige Blätter und Erde auf dem Loch.

Sie trennten die Frauen. Sie fanden fünf Männer am Leben. Sie trennten sie und erschossen sie. Sie packten alle Kinder aus der Brust ihrer Mutter und warfen sie zu Boden um sie zu töten. Bevor sie getötet wurden, wurden die Mütter der Babys getrennt. Ich sah, dass sie zu mir kamen. Ich wusste, dass sie auch mein Baby töten würden. Mein Atem hörte einfach auf. Sie warfen meine Tochter vor mich (und töteten sie). Sie weinte, als sie sie von meiner Brust nahmen.

Es gab so viele Kinder, einige nur ein Jahr alt oder sogar zwei bis drei Tage alt - sie wurden auch zu Boden geworfen. Ich sah einige Kinder, die sich bewegten, von den Soldaten mit ihren Stiefeln zu Tode gestempelt zu werden.

Wieder trennten sie die Mütter und ließen sie in einem großen Teich stehen. Einige wurden in ein Haus gebracht. Ich selbst ging nach hinten, wo alle jungen Mädchen standen. An meiner Seite sahen wir, wie die Armee Frauen vergewaltigte, trat und tötete. Ich sah sie Frauenbrüste schneiden und ihre Vagina schneiden.

Wenn das Militär vergewaltigte und tötete, taten sie dies in Gruppen von 8 bis 10 Soldaten. Eine Gruppe kam und zwang uns in ein Haus. Zuerst vergewaltigten sie meine unverheiratete Schwester und Schwiegermutter vor uns. Ich sah meine Schwester weinen und schreien. Dann habe ich keinen Ton gehört. Sie hatten sie getötet. Dann hielten sie mich und "J", die im achten Monat schwanger war. Sie haben getan, was sie

wollte mit uns. Wir schrien beide und kämpften. Sie schlugen uns mit einem Stahlstab. Ich wurde bewusstlos.

Als ich bei Bewusstsein war, brannte das Haus, ebenso wie die Leichen meiner Familienmitglieder. Ich habe versucht, einen Ausweg zu finden, konnte es aber nicht. Plötzlich sah ich meine Schwester "J" gegen die Bambuswand des Hauses treten, bis sie brach. Dann rannte sie
Ohne zurück zu schauen. Zu dieser Zeit waren wir beide nackt. Ich war verwirrt und fühlte so viel Schmerz in meinem Kopf und auch in meiner Hand, weil brennende Dachstücke darauf gefallen waren. Wann
Ich sah, dass die Mauer gebrochen war und es einen Ausweg gab, ich rannte raus. Zu dieser Zeit fühlte ich, wie eine Hand versuchte, meine Hand zu halten. Es war mein achtjähriger Bruder, aber ich konnte ihn nicht festhalten. Vielleicht
Wenn ich Kleider trug, hätte er sich an meinen Kleidern festhalten können, aber ich war nackt. Ich musste rennen, um dem Feuer zu

entkommen. Ich konnte ihn nicht halten, deshalb wurde er mit anderen Familienmitgliedern verbrannt.

Ich rannte und sprang über den Zaun in der Nähe des Hausgeländes. Ich versteckte mich neben dem Zaun. Ich sah, dass sich auch meine Schwester „J" dort versteckte. Wir blieben bis Mitternacht. Wir sahen, dass die Soldaten ein Bad nahmen und ihre Waffen wuschen. Als es keinen Ton gab, bewegten wir uns und folgten einem Pfad. Wir erreichten den Fluss. Wir haben so viele Körper im Wasser am Flussufer gesehen. Als wir gingen, traten wir auf diese Körper.

Wir fanden den Sarong eines Mannes in einer kaputten Schachtel und teilten ihn in zwei Teile, um uns zu bedecken. Wir erreichten dann das nächste Dorf, Wetcome, wo sich das Haus von "J "s Ehemann befand. Niemand war da.
Es war alles leer und die Häuser wurden niedergebrannt. Wir verbrachten die ganze Nacht in einer kleinen Hütte ohne Essen oder Kleidung. Wir hatten zu viele Schmerzen und wurden von Mücken gebissen wir konnten nicht schlafen Am Morgen hörten wir ein Handy klingeln und eine Männerstimme auf dem Handy sprechen. Wir gingen vor das Haus. Zu dieser Zeit bellten zwei Hunde

und umgab uns. Der Mann kam nach draußen und ich bat: "Bitte sieh uns nicht an, wir sind nackt. Wenn Wenn du Kleider hast, gib sie uns bitte. " Sein Name war "T", der 40-jährige Vater von zwei Kindern. Er hatte sich im Wald versteckt. Als er ins Dorf kam, sah er niemanden. Er gab uns Essen und sagte: „Warte nur hier. Ich möchte nach draußen gehen, um meine Familie zu finden. " Wir weinten und sagten: „Bitte nehmen Sie uns mit. Wenn sie dich töten, werden wir auch mit dir sterben. "

Er sagte uns, wir sollten nur eine Weile warten, weil wir verletzt waren und es ihm nicht möglich sein würde, seine Familie bei uns zu finden. Wir warteten und er kehrte nach ein paar Stunden zurück. Er konnte keines seiner Familienmitglieder finden. Er schlug vor, dass es besser wäre, sich zu bewegen, also begannen wir unsere Reise mit ihm.

Wir zogen drei Tage lang von einem Dorf in ein anderes. Dann stoppten wir unsere Reise im dritten Dorf. Als wir an den Dörfern vorbeikamen, sahen wir keine Anzeichen von Menschen. Dort gab es
nur leere, kaputte und verbrannte Häuser. Wir sahen viele faule Körper, die schlecht rochen. Wir folgten den Nebenstraßen der Dörfer. Im dritten Dorf sahen wir einen Mann und baten um

Hilfe. Er suchte auch Schutz in diesem Dorf. Er sagte, wir könnten bei seiner Familie bleiben. Seine Mutter half uns beim Baden und gab uns Essen, aber ich konnte nicht kauen, weil meine Zähne solche Schmerzen hatten. Mein ganzes Gesicht war verletzt. "J" wurde ebenfalls verletzt. Wir waren beide mit einer Stahlstange auf den Kopf getroffen worden, also hatten wir verloren
viel Blut.

Mit Hilfe von zwei anderen Männern wurden wir zu einem Rohingya-Arzt im Dorf Murikkum geschickt. Er nähte uns die Köpfe und fragte, ob wir jemanden hätten, der sich um uns kümmern könnte. Wir sagten
Nein, sie waren alle tot. Er hat unser Foto gemacht und auf Facebook gepostet. Einer meiner Onkel kommentierte in dem Beitrag, dass er mein Onkel sei und mein Mann am Leben sei. Als die Leute in den Fluss gesprungen waren, konnten er sich glücklicherweise und ungefähr vier oder fünf andere Leute verstecken. Er kam um Mitternacht und stellte mehrere Männer ein, um uns zu tragen. Er lieh 60.000 Kyat für die Träger.

Am Morgen erreichten wir endlich das Ufer des Flusses (Naf) und nahmen ein Boot, um gegen 11

Uhr in Bangladesch anzukommen. Die Leute zeigten uns das MSF-Krankenhaus. Wir waren sieben Tage im Krankenhaus. Danach blieben wir drei Tage im Haus einiger Einheimischer, dann bekamen wir Schutz in Kutupalong (Flüchtlingslager). Am 20. Tag brachte „J" ein Mädchen im Krankenhaus zur Welt.

"J" verlor ihren Ehemann bei dem Massaker von Tula Toli (Min Gyi). Sie hörte diese Nachricht, als sie im Krankenhaus war.